LE BALLET
DV COVRTISAN
ET DES MATRONES.

A PARIS,
Chez TOVSSAINCT DV BRAY,
ruë S. Iacques, aux Espics meurs,
& au Pallais, à l'entree de la
galerie des prisonniers.

M. DC. XII.
Auec Priuilege du Roy.

LE·BALLET
DV COVRTISAN.

ONSIEVR,
Ie sçay bien que vous auez
l'esprit si beau & si reglé,que
en quelque lieu que vous soyez, vous
ne vous y ennuyez iamais:si estce que
ie vous eusse desiré à la Cour il y a
quelques iours,tant pour le contête-
mêt que i'eusse eu de vous voir,côme
de celuy que vous eussiez pris d'vn
Ballet qui merite que ie vous en re-
presente l'ordre. Premierement vn
Courtisan couuert d'vn clinquât aux
despens de ses creãciers, entroit suiuy
de trois pages, & dãçoit sur vn air par-

ticulier, puis cõmãda à l'vn de ses pages d'aller querir vn Tailleur, qui vint
sur vn air nouueau qu'ils dançerent
tous ensemble: Cependant le Tailleur
prend la mesure d'vn habit au Courtisan, & à la fin luy presentẽ ses parties, que le Courtisan deschire : le
Tailleur a recours à des Sergents, &
leur met en main vne obligation du
Courtisan pour le mettre en prison, à
faute d'auoir payé ses parties.

LE TAILLEVR DIT,

IE suis Tailleur de mon mestier,
On me cognoist dans le quartier,
Et d'estoffes bien assorties
I'ay vestu de chausse & pourpoint
Ce Courtisan fort mal en point,
Que l'on me paye mes parties.

PARTIES POVR LE TAILLEVR.

Memoire de la fourniture
Faite pour Monsieur de la Court,
Bien liberal de sa nature,
Mais d'argēt tousiours vn peu court.

PRemierement pour quelque reste,
Tant en estoffe qu'en façon,
Cela m'est deu, ie vous proteste,
Sur vn diamant d'Alençon.

Pour vn habit de drap d'Espagne
Douze aulnes, chausses & pourpoint,
Le manteau propre à la campagne,
Auec vn double arriere-point.

Cinq onces de soye perlee,
Quatre douzaines de boutons,
Lors qu'il offrit à la volee
A mes gens des coups de bastons.

Plus quand il fut voir sa maistresse,
Vn haut volant bas attaché,
Qu'il eut sans argent par finesse,
Disant qu'il estoit empesché.

Pour deux douzaines d'aguillettes
Qu'il me pria de luy fournir,
Qu'il escriuit dans ses tablettes,
Afin de mieux s'en souuenir.

Le satin blanc d'vne rotonde
Qu'il me doit encore en effect,
Et si ie veux que l'on me tonde,
Si l'on veit iamais rien mieux faict.

Ie luy ay fourny d'auantage
Les rupilles de ses laquais,
Mais l'habillement de son page
Est demeuré dans mes paquais.

Dés le voyage de Sauoye
En sarge verte à deux enuers,
En passement, galon & saye,
Dont les habits estoient couuers.

En frize, doubleure & pochettes
I'aduançay deux doubles ducas,
De plus pour les auoir r'entraites,
Mais tout cela n'est pas grand cas.

Surquoy sans mentir ie l'aduouë,
I'ay receu de luy cinq doublons,
Comme il reuenoit d'où l'on iouë,
Les deux faux, les trois autres bons.

Et de nouueau depuis la mode
Des clinquans qui sont reuenus,
Il m'a dict que ie l'accommode,
Et que ses gens estoient tous nus.

Bien aise de reuoir mon homme,
Que i'auois long temps attendu,
Il iura qu'il venoit de Rome,
Et que ie n'auois rien perdu.

Et du reste de son voyage
Il mit en mes mains cent escus,
Sous tel si que dessus bon gage,
Ie luy fournirois le surplus.

Nous allons à l'Argenterie
Pour prendre à credit du satin,
Où l'on nous dit sans raillerie,
Qu'on n'entendoit pas ce latin.

Ie prins de la toile d'or fine,
Deux bas de soye de Milan,
Et le tout non pas sus la mine,
Ny de moy, ny de mon chalan.

Sur l'heure i'en fi ma promesse,
Pensant auoir du fons assez,
I'eusse mieux fait d'estre à la Messe,
A prier pour les trespassez.

De là nous passasmes cariere,
Et droict chez le passementier,
Où l'on m'offrit boutique entiere,
De ce qui nous faisoit mestier.

La Dame courtoise & gentille,
Du clinquant fit honeste pris,
Pour chamarer l'habit en quille,
Ainsi que i'auois entrepris.

Boutons d'or, le galon de mesme,
Et la gance pour le colet,
Bref, elle nous a mis à mesme,
A prendre suyuant mon rolet.

Puis sur le champ il se r'auise
D'auoir encor du passement,
Du plus fin Milan à la guise,
Pour faire vn autre habillement.

Vn collet de fleur il demande,
A combien peut-il reuenir,
Pensant gaigner ie le marchande,
Et luy promets de le fournir.

Prenez donc puis que vous y estes
Le passement qui faict besoin,
Ce me dit Monsieur, & me faites
Ce plaisir d'en auoir le soin.

Et pour

Et pour mieux voir ce que tout monte
Tant à la plume qu'aux iettons,
La Dame sur la fin du conte
Prit sans peser mes ducatons.

Ie croy que ceste fourniture,
Sans tout ce que i'ay fait depuis,
Vient à huict cens francs ie vous iure,
Dequoy pour la moitié i'en suis.

Ce n'est pas tout, le bon apostre,
Ainsi que vous pourrez sçauoir,
M'en a fort bien sçeu tirer d'autre,
Que ie ne pense pas r'auoir.

Vn peu depuis la coqueluche,
Quand le froid estoit si piquant,
Vn manteau doublé de peluche,
Deux à deux couuert de clinquant

L'autre de sarge de Florence,
Sur quoy i'ay receu par grand heur
Vingt bonnes pistoles d'auance,
Encore autant pour le Brodeur.

Depuis vne robe de chambre
Ie luy fournis de poinct en poinct,
Toilette d'Iris, Musq, & d'Ambre,
Du reste ie n'en parle point.

B

Il a faict en telle maniere,
Et m'a tousiours si bien mené,
Que si ie n'ay d'autre baniere,
Ie ne seray iamais damné.

Toutes parties arrestees,
Il ne m'a faict que dislayer,
Cent fois ie les y ay portees,
Qu'il promettoit de me payer.

Ie l'ay poursuiuy par iustice,
Point de nouuelle, encore moins,
Il n'a pas manqué d'artifice,
A produire des faux tesmoins.

Condamné, les quatre mois passent,
Pour cela i'ay beau faire bruict,
Les Sergens apres luy se lassent,
Et m'a faict vn trou à la nuict.

Bref auiourd'huy ie le rencontre;
Deuant le Iuge de ces lieux;
Messieurs au doigt ie vous le monstre,
Voila ce braue glorieux.

Allez vous y fier, beau sire,
Prestez leur vn peu vostre bien,
Nostre femme l'a bien sceu dire,
Qu'on n'en recouure iamais rien.

Comme ils alloient executer ceste
obligation, le Commissaire entre,
qui demande que c'est, on luy monstre des papiers, & en les lisant il est
interrompu par les creanciers du
Courtisan, côtre lequel chacun d'eux
presente requeste, & ses parties au
Commissaire pour auoir payement,
ou permission de faire saisir la per-
sonne & les biens du Courtisan.

LA BOISSELIERE.

A Moy qui suis la Boisseliere,
De mon mestier Cabaretiere,
Ce Courtisan manque de foy,
Le meschant, le vilain pariure,
Il voudroit bien me faire iniure,
Luy qui fust mort de faim sans moy.

Bien qu'il fist par tout l'agreable,
Afin d'auoir place à la table,
Souuent sans moy, cet impudent,
Qui ne trouuoit point de lipee,
Eust mis en gage son espee,
Ou desieuné d'vn curedent.

B

Quand ie n'estois pas arriuée,
Ou que la table estoit leuée,
Ou qu'il n'auoit place au bas bout,
Il contrefaisoit le malade,
Ou bien disnoit d'vne salade,
Ou bien ne disnoit point du tout.

Ie l'ay nourry, ie l'ay fait viure,
Lors que le voleur venoit suiure
La Cour iusqu'à Fontainebleau,
Et n'en ay point de recompence,
Que l'on me paye sa despence,
Ou bien qu'il laisse le manteau.

PARTIES POVR LA BOISSELIERE.

POur le disner du Courtisan,
Au Dimanche vn demy Faisan,
Plus vne souppe de marmite :
Pour le Lundy des poix nouneaux,
Vn potage fait de naueaux,
Au dessert vne poire cuite.

Au Mardy comme au Mercredy,
Et pour tout le iour du Ieudy,
Vne espaule auec vne esclanche,
Tousiours le rosty, le bouilly,

Et le bon vin n'a point failly,
Le pain blanc, ny la nappe blanche.

Au Vendredy de bons œufs frais,
L'Esté des febues de marais,
L'Hyuer, de la fraysche maree,
Au Samedy mesme repas,
La salade n'y manquoit pas,
Les capres ny la chicoree.

Pour vn grand laquais tont pelé,
Du mouton ou du bœuf salé,
Et selon les saisons les viures,
Plus, sans les tranches de iambon,
En bois, en chandelle, en charbon,
Le tout peut monter deux cens liures.

LE PARFVMEVR.

I'Ay des gands d'Espagne, & des peaux,
I'ay des pommades, & des eaux,
Ie sçay faire la Cassolette,
Les pastilles, les oiselets,
Et bien parfumer les colets
D'Ambre, de Musc, & de Ciuette.

I'ay des muscadins excellens,
Qui ne sont point trop violens,

I'ay du vray baume de Iudee:
Et de beaux secrets les meilleurs
Qu'on en puisse trouuer ailleurs,
Iour estendre la peau ridee.

I'ay trouué la perfection
De faire vne confection,
Qui guerit le mal de la mere,
Ie charge doucement la peau,
Ie sçay bien distiller vne eau
Qui fait merueille, & n'est pas chere.

I'ay de l'huille à blanchir les mains,
Et tous les parfumeurs Romains
N'auront point sur moy de victoire:
I'ay contre tous les maux de cœur
Vne douce & blanche liqueur,
Dans ma longue boeste d'yuoire.

Qu'vne Dame vse par neuf mois,
Tous les iours trois ou quatre fois,
D'vne essence que i'ay secrette,
Elle accouchera sans crier,
Ie ne me fais guiere prier
Pour en apprendre la recette.

Mais i'ay tout quitté pour plaider,
Et mon bon droict recommander

A la Iustice accoustumee:
Contre vn, dont ie n'espere rien,
Et qui peut estre croira bien
Payer mes parfums de fumee.

PARTIES DV PARFVMEVR.

I'Ay donné trois peaux de senteurs,
Plus ie sçay que mes seruiteurs
Ont deliuré de l'eau d'orange,
A ce braue donneur de vent,
Et qu'il est venu bien souuent
Remplir son zest de bonne eau d'Ange.

Plus il a pris des oiselets,
Du papier à faire poulets,
D'huile de Tale vne phiole,
Des pommades & des sauons,
Et des pastes que nous faisons,
Dont l'vne vaut vne pistole.

Des gands d'Espagne & de Paris,
Des poudres d'Ipre & d'Iris,
Et du meilleur baume que i'aye:
Faut-il qu'il se mocque de moy,
Ie suis marchand de bonne foy,
Ie demande que l'on me paye.

LA LINGERE DV PALLAIS.

IE suis Lingere du Pallais,
I'ay des rabats, i'ay des colets,
I'ay des mouchoirs & des chemises,
Et ie fais fort bonne raison
Aux filles de bonne maison
A qui ie vends mes marchandises.

Ie sçay fraizer, goderonner,
Ie sçay blanchir & sauonner,
Ie ne trouue rien difficile,
Et lors que ie veux faire bien,
Les Flamandes n'y sçauent rien,
I'empeze le mieux de la ville.

Ce Courtisan pour le blanchir
M'auoit promis de m'enrichir,
Mais c'est vne triste prattique,
Ie demande mon payement,
Qu'on me dépesche vistement,
I'ay bien affaire en ma boutique.

PARTIÉS POVR LA LINGERE.

AInsi chacun en est trompé,
Il a de moy du poinct couppé,

Quatre

Quatre douzaines de chemises,
Des mouchoirs, des coiffes de nuict,
Et i'auois beau faire du bruict,
Ce n'estoit rien que des remises.

Ie l'ay blanchy trois mois durant,
Et ne dy pas le demeurant,
Mais ie n'en ay pas eu la maille:
Il me doit bien cinquante francs,
D'auoir tenu ses rabats blancs,
Qu'on me paye, & que ie m'en aille.

LE MERCIER DV PALLAIS.

IE vends des manchons, des chapeaux,
Des bas d'Angleterre fort beaux,
Des ceintures en broderie,
Dont ie fais à tous bon marché,
Et suis tout le iour empesché
Au Pallais dans la gallerie.

Mais quoy? ce Courtisan maudit,
Prenant vn Castor à credit,
Sans me demander ce qu'il couste,
Me faict venir plaider icy,
Si chacun me faisoit ainsi,
Ie serois bien tost banqueroute.

LA REVENDEVSE.

IE suis Reuendeuse publique,
Et des habits dont ie traffique,
I'ay fay credit, & m'en repens,
A cet afronteur sans parole,
Est-ce la raison qu'il me vole,
Et qu'il soit braue à mes despens?

LE MARCHAND.

NOus autres Bourgeois & Marchans
Ie son credit à des méchans,
Qui prenont noutre marchandire,
Moy, ie prest y sous bonne foy
A ce Courtisan que ie voy,
Du grou camelot de Turquire.

Il velet vn pourpoint de deuil,
Et me feret si bon accueil,
En me trouuant dans ma bouticle:
Mais quand ie l'ennoigez chercher,
Le galland s'en alloit cacher,
Ou feignet chanter la Murucle.

Et quand ie le pressay bean fort,
Il iuret le san & la mort,

La face pleine de choleze :
Monsieur, faites m'en la raison,
Au lieu de le mettre en priron,
Il le faudret bouter en galeze.

POVR LE MARCHANT.

IE viens à vous point ie n'enuoye,
Monsieur tref-illustre & puissant,
Ie sommes le marchant de soye
Qui se tient pres sainct Innocent.

La ruë au Foüare est ma demeure,
Ie croy que le deuez sçauoir,
Il me faut payer à cest heure,
Cest nouueauté que de vous voir.

I'ay ma requeste respondue
De par Monsieur le Lieutenant,
Il a ma raison entenduë,
Dites la vostre maintenant.

Parguieu vous serez mis en cage,
Vous estes vn bailleur de canars,
I'auons fait changer de langage,
Au moins à d'aussi fins renars.

Auïlé ce beau Monsieur de foire,
Ce bailleur de brides à veaux,

Mananda s'on le vouloit croire,
Il nous payroit en mots noueaux.

T'en scuuient-il, belles oreilles,
Quant tu faisois le sufirant,
Tu pensiez faire des marueilles,
Nostre marchandise atirant.

Ie t'en donismes la plus belle
Que i'auiens dans le magasin,
Qui fut cause de la querelle
Que i'eum' auec nostre voisin.

Depuis tu sçays dans ma boutique
Tu veniez à traiter l'amour,
Et sous couleur de retorique
Tu proietiez vn mauuais tour.

Mais ta chose fut descouuarte
Par celuy de nos gens, qui tient
Mon liure de bazane varte,
Qui tout mon trafiq entretient.

Il te vit à trauers la porte,
Que tu baisiez la nostre en bas,
Mais ce qui plus me reconforte,
C'est qu'il dit qu'elle vouloit pas.

Neantmoins quand ie me rauise,

C'eſt aſſez, ruſian que tu es,
Tu ferez bien ton entrepriſe,
Si i'euſſe eſté quelque benais.

Dieu marcy & la belle Dame,
Mon honneur eſt bien conſerué,
Il n'a tenu qu'à noſtre femme
Qu'on ne t'ayt ſur elle trouué.

Et puis que rien ie te pardonne,
Tu me payras de tout en tout,
A Paris la Iuſtice eſt bonne,
Ie pourſuiuerons iuſqu'au bout.

Tu as beau me faire menace,
I'orons bien de toy la raiſon,
Ie te crains moins qu'vne limace,
Quand tu ſeras dans la priſon.

Nos parties deuant Notaire
Sont arreſtees comme il faut,
Vois tu ie ne me pouuons taire,
Mordongu en tu feras le faut.

Aga ce maraut, tu fais le Prince,
Et le Seigneur d'equalité,
Comment ſans rire tu me pince,
En fin l'on voyra l'equité.

C iij

Il me doit plus d'vnze cent liures,
A conter le vieux seullement,
Sans le nouueau qui dans mes liures,
N'est pas arresté nullement.

Ie n'auiens que des Damoiselles,
Et des seruantes tous les iours,
Qui marchandien comme pour elles
Taffetas, satins, & velours.

C'estoit charme ou grande sotise,
Ou bien i'auiens les yeux au cu,
De bailler tant de marchandise,
Sans voir de luy vn seul escu.

Le voila, ie vous le reboute
A vous Monsieur le Lieutenant,
Sans l'espargner aucune goute,
Faictes en Caresme-prenant.

LE PREMIER SERGENT.

Qvi me donnera de l'argent,
Ie suis du mestier de Sergent,
Qui ne croit point en des paroles,
Et si l'on me pense tromper,
Ce Courtisan peut eschapper,
S'il me veut donner deux pistoles.

LE SECOND.

CEs affronteurs de Courtisans,
Font les vaillans, les suffisans,
Pensant qu'on n'ose les contraindre,
Mais tout de mesme qu'vn valet,
Vous entrerez au Chastelet,
Vous avec l'eau dire, & vous plaindre.

LE COMMISSAIRE

PVis qu'il n'a pas vn seul denier,
Ie le vais mettre prisonnier,
Il ne dit rien que des sornettes,
Crier, se fascher, iurer Dieu,
Et dire qu'on est de bon lieu,
Cela n'est point payer ses debtes.

LE COVRTISAN.

CEssez de plus me tourmenter,
Ie vous feray tous contenter,
Alors que ie vendray ma terre:
I'attens vne succession,
Puis i'espere vne pension,
Ou bien que nous aurons la guerre.

LA FEMME DV COVRTISAN

PRenez nos biens & les vendez,
Et de ce que vous pretendez,
Tirez de bonnes asseurances :
Mais ne mettez point en prison
Vn homme de bonne maison,
Plein de si belles esperances.

LE Commissaire accorde à la femme du Courtisan que son mary ne sera point mis en prison, les creanciers se retirent, le Courtisan, sa femme, & le Commissaire demeurét ensemble, & apres auoir vn peu dancé, au lieu que le Courtisan, & la Dame deuoient remercier le Commissaire, le mettét entr'eux deux, le tourmentent de costé & d'autre : en fin luy donnent du pied au cul, le iettent par terre, & s'enfuyent. Le Diable d'argent arriue, qui trouuant le Commissaire par terre, luy fait mille

maux,

maux, & autãt de malices: puis le pre-
nãt par les mains, le leue de terre tout
d'vne piece, & luy donnant des peurs
extresmes, le conduit auec vne infinité de mines & de grimaces hors de
la salle. Le Commissaire ne laisse pas
de r'entrer apres en son ordre auec
les Creanciers, pour se payer tous ensemble aux despens du Diable d'argent.

La Bouffonnerie acheuee, où le
Courtisan, sa femme, le Commissaire & les Sergents estoiẽt venus, chacun sur vn air, & vn pas differend, le
grand Ballet commença, dont le sub-
iet estoit, à sçauoir qui estoit le plus
fort Amour, celuy des Dames, ou de
leurs seruiteurs: & pour en rapporter
les effects, entroient deux Amours,
celuy des hommes mené par la Constance, qui ioüoit du luth: & celuy
des femmes, mené par la Prudence,

qui ioüoit auſſi du luth ; & ſ'eſtât mis
l'vn deuant l'autre, ils chanterent ces
vers en dialogue, & finirent par vn
deffy qu'ils ſe firent l'vn à l'autre.

LE PREMIER AMOVR
pour les hommes.

ON ne void point de changements,
De pleurs, de plaintes, de tourments,
En tous lieux où ie ſuis le maiſtre,
Que les Dames ne facent naiſtre.

LE SECOND AMOVR
pour les femmes.

TOut le mal vient des Amoureux,
Leur artifice eſt dangereux:
Ils ſe font voir tranſis & bleſmes,
Et cependant n'ayment qu'eux meſmes.

LE PREMIER.

DEs Dames vient la cruauté,
Et faut que la legereté,
D'elles, & non des hommes ſorte:
Car le nom de femme elle porte.

LE SECOND.

LE changement & le mépris
Leurs beaux noms des hommes ont pris,
Cesse d'en accuser des belles,
La Constance est femme comme elles.

LE PREMIER.

MEsler de l'espoir aux rigueurs,
Auoir des attraits à tous cœurs,
Et moins d'amour que de malice,
Des Dames c'est tout l'exercice.

LE SECOND.

RIre, en innocquant le trespas,
Promettre la foy qu'on n'a pas,
Et puis en perdre la memoire,
Des hommes c'est la seule gloire.

LE PREMIER.

SI tu veux dire, audacieux,
Que les Dames ayment le mieux,
Et qu'il faut bien que l'on s'y fie,
Vien au combat ie te deffie.

SI pour te sauuer de la mort,
Tu ne fuys, craignant mon effort,
Ie me veux battre pour les Dames,
Et t'oster ces traicts & ces flames.

         M.

LEs violons sonnerét vn air, sous lequel les Amours combatirent ensemble. Cependant la Musique du Roy entra habillee en Vertus, & pour separer les deux Amours, chanta cette Stanse.

CEssez petits guerriers, c'est assez combatu,
L'Oracle qui des Dieux mõstre la cõnoissace
Vous apprẽd que l'Amour a le plus de puissance,
Où sa diuinité void le plus de vertu.

LEs deux Amours separez, celuy des hommes alla vers la porte, où il trouua six Caualliers vestus de toile d'argent blanche, le corps & le bas de saye semez de flesches en broderie de canetille d'or & d'argent auec des bâ-

des depuis la ceinture iufqu'à la moitié du bas de faye de toille d'argent
blanche, les vnes en broderie de flã-
mes,& les autres de pennes: la coiffure auec vne infinité d'aigrettes, le bas
incarnat, la botine blanche, couuerte
de clinquant d'or. Ils entrerent leur
Amour deuant eux, & firent fix figures au fon des violons. L'Amour des
femmes entra auffi toft à la tefte de
fix Dames, habillees de toile d'argent
blanche, en broderie de flames de
canetille d'or & d'argent, depuis la
ceinture iufques à la moitié de la rob-
be, auec des bandes pareilles à celles
des Caualiers : leur coiffure eftoit de
guirlãdes auec vn gros bouquet d'aigrettes. Et apres auoir fait fix figures,
les Caualiers & les Dames fe trou-
uoient enfemble, & dançoient le
grand Ballet: Puis les deux Amours fe
feparoient, tenãt chacun fix arcs qu'ils

distribuoiẽt sous vn air & vn pas nouueau aux Caualliers ou Dames de son
party. Au mesme temps se faisoit vn
combat entr'eux, & les Dames desar-
moient les Caualliers. La chesne se
dançoit au son des luths & des voix,
& à la fin l'Amour des hommes se
trouuoit prisonnier de celuy des femmes, & les Caualliers aussi prisonniers
des Dames, & la musique chantoit
des vers à la loüange des Dames, & à
la gloire de leur Amour.

Grand Roy des Peuples & des Rois,
Amour, i'adore mille fois
Ton arc, tes flesches, & tes flames,
Et beny ton élection,
Qui cherchant la discretion,
La va trouuer au cœur des Dames.

Elles suyuent la verité,
Et les hommes la vanité,
Les Dames sont les plus fidelles:
Et leurs Amants presomptueux,
Qu'on void tant soit peu vertueux,
Ne tirent leur vertu que d'elles.

LA
MASCARADE
DES MATRONES,

Premier recit de la Deesse Lucine
pour les Matrones.

Eantez, l'honneur qui vous possede,
N'a besoin de pas vn remede,
On ne vient point icy pour vous,
Nostre art inutille demeure,
En vous aymant il faut qu'on meure
Pour n'irriter vostre courroux.

Vos graces diuines & sainctes
N'ont point de mortelles ateintes,
Des enfans par nous presentez,
C'est du Ciel la diuine engeance,
Que i'amene en vostre presence,
Comme denant les Deitez.

Leurs gestes en tout admirables,
Les doit rendre recommandables,

Non pas seulement à danser,
Ils sont de courage inuincible,
Et rien ne leur est impossible,
Ie m'en vays les faire aduancer.

Venez icy femmes habilles,
Monstrer que vous estes vtilles
A reparer le genre humain :
Faictes à ces Dames l'offrande
De ceste meruei leuse bande,
De la façon de vostre main.

SVIET DV GRAND BAL-
LET, POVR LES ENFANS
que Lucine a changez en
hommes.

C Es beaux enfans changez en hommes,
Pour seruir les Dames du tems,
Passeront au siecle où nous sommes
Pour les amoureux plus constans.

Si quelqu'vne sous son empire
Veut commander leur liberté,
Il ne faut seulement que dire,
Ils seruiront à sa beauté.

Leurs

Leurs ames nobles & gentilles,
Qui suiuent Amour, ce grand Dieu,
Ne verront point de belles filles,
S'ils ne les trouuent en ce lieu.

Et ma puissance charmeresse
Rendra ses merueilleux effets,
De tesmoigner à leur maistresse
Qu'ils sont d'enfans hommes parfaits.

E

POVR LES MATRONES.

CES Matrones sont enuoyees
Du ciel, pour monstrer ce qu'il faut
Aux humanitez desvoyees,
Afin d'amander leur deffaut.

Ce n'est point vn jeu d'auanture,
Et leur sçauoir est tref-certain,
Car dans les secrets de nature
A chaque heure elles ont la main.

De leur medecine amoureuse
Elles font treslibrement part:
Pour quelque enfleûre dangereuse
On ne tient point la chambre à part.

Soubs leur chaperons sans malice,
Bien fournis de capacité,
Elles feront entrer en lice
La plus inhumaine beauté.

S'il faut secourir quelques femmes,
Elles ont assez de raison:
Car en tout les honnestes Dames
Sont des secrets de la maison.

Quand vn galand a l'ame esprise,
Elles ne sont que charité:
Et poursuiuent son entreprinse,
Moyennant quelqu'honnesteté.

Leurs grands chappellets elles disent,
Auec des lanternes en main:
Comme il leur plaist elles diuisent
Les affaires du genre humain.

Elles sont plus que maistre mouche,
Et iamais rien mal à propos:
Quand il est mestier de la couche,
Le trauail leur est vn repos.

Dessous la faueur de Lucine,
Qui preside aux accouchemens,
Elles sont pires qu'vne Alcine,
Auecques ses enchantemens.

Pour bien estouper vn passage,
Et rapaiser les bons maris.
Elles emportent l'auantage,
Sur les meilleures de Paris.

On vient de cent lieux à la ronde,
Au secours à leur grand sçauoir:
Elles guerissent l'hipoconde,
Et plusieurs maux qu'on peut auoir.

Le mal de maire & mal de teste,
Mal de ratelle & mal de dents:
A chacun la recepte est preste,
Tant par dehors que par dedans.

Elles font entendre par signe,
Le langage des amoureux:
Et peschent les poissons sans ligne,
Aux destroits les plus dangereux.

A controuuer elles font rage,
Et de tout amoureux transi:
Elles eschaufent le courage,
Fust il com' vn roc endurcy.

Si quelqu'vne se trouue en peine,
D'auoir de son mal guerison:
Elle est bien s'elle se promeine,
Vn quart d'heure auec Alison.

Cest Alison entre les sages,
Fait miracle separement:
Ie ne dis rien des pucelages,
Qui sont en son gouuernement.

Iamais leur extreme puissance,
Ne touche du doigt vn beau sein:
Qu'il ne leur rende obeissance,
Afin d'accomplir leur dessein.

En l'eau, en l'air, & sur la terre,
Bref parmy tous les elemens:
A ce que l'amour fait la guerre,
Elles ont des commandemens.

Si Iuppiter par fois se monstre,
Desireux d'humaine beauté:
C'est par leur moyen qu'il rencontre,
Celle qui tient sa volonté.

Quand on surprend quelque pucelle,
Leurs regards ont telle vertu:
Qu'on ne peut recognoistre en elle,
Si c'est la trace d'vn festu.

Les veufues pourront sans feintise,
Se communiquer aisément:
Et faire par leur entremise,
Mille faueurs à leur amant.

Et des nouuelles mariées,
Qui pleurent leur vieilles amours:
On ne les a si tost priées,
Qu'elles leur donnent prompt secours.

Leur humeur est si charitable,
Et rendent leur bien si commun:
Outre leur nature admirable,
Qu'elles n'en refusent pas vn.

En leurs bontez officieuses,
Il ne faut que les requerir:
Et vous trouuerez gracieuses,
Les beautez qui vous font mourir.

Allez, belle troupe sçauante,
Le ciel benisse vos desseins:
Vostre vertu est si puissante,
Qu'il ne faut plus de Medecins.

LE VRAY RECIT DV

BALLET DES MATRONES,
Par Lucine.

AVX DAMES.

Belles, qui de peur d'vne enflûre,
Ou d'vne longue esgratignûre
Qui des-honoraſt voſtre cas,
Aymez mieux mourir de jaunice,
Que de me faire vn ſacrifice,
MOVREZ IE NE VOVS PLAINDRAY PAS.

Ie ne viens icy que pour celles
Qui portent le nom de pucelles,
Et n'en ont que la qualité,
Qui ſur mes preceptes ſe fient,
Qui tous les iours me ſacrifient,
Ou d'effeƈt, ou de volonté.

Pour ſecourir ces pauures filles,
I'ameine des femmes ſubtilles,
Qui par des moyens prompts & doux,
Sçauent tirer l'enfant du ventre

Aussi doucement qu'il y entre,
Rentraire & reboucher les troux.

En leur mestier fort asseurées,
Ell'accouchent les plus serrées,
Sans leur foüiller dedans le cors:
Car leurs Bezicles à l'antique,
Vrays miroirs de Mathematique,
Font voir le dedans par dehors.

En mille diuerses contrées,
Où elles se sont rencontrées,
(Dames admirez cet effect,)
Ell'ont fait des meres pucelles,
Qui voyant ce qui sortoit d'elles,
Ne pouuoient croire l'auoir fait.

Tesmoin les enfans à tous aages,
Qu'on leur à laissés pour les gages,
Que vous verrez paroistre icy:
Filles il ne se faut plus feindre,
Faictes des enfans sans rien craindre,
Vous vous en deferez ainsi.

Dans des coings, soubs des galeries,
Derriere des tapisseries,
En tous lieux prenez vos esbas:
Ou si vous desirez encore,

Nourrir

Nourrir vn feu qui vous deuore,
MOVREZ IE NE VOVS PLAINDRAY PAS.

LEs sages femmes, & les petits
enfans qui les suiuoient, ayans
dansé leur Balet, Lucine parût encore,
& feit ce second recit pour l'intelli-
gence du grand Ballet,

DAmes afin que vous ayez,
De moy plus ample cognoissance,
Puis qu'aux miracles vous croyez,
Ie desire que vous voyez,
Si Lucine a quelque puissance.

Ie veux que ces petits enfans,
Qui sortent quasi de nourrice,
De petits qu'ils sont viennent grans,
Robustes, adroicts & puissans,
Pour vous pouuoir faire seruice.

Pendant qu'ils dorment demy-morts,
Ie force nature a s'estendre,
Et luy fais faire des efforts,
Qui vont rendre ces ieunes corps,
Capables de tout entreprendre,

C'eſt fait les voicy venir tous,
Ie les ay conuertis en hommes:
Ils s'aduancent deſia vers vous,
Et ſans doubte ces ieunes fous,
Prennent vos tetons pour des pommes.

Ne prenez en mauuaiſe part,
S'ils vous abordent dauanture,
Car ils ont le cœur ſi gaillart,
Que ce que d'autres font par art,
Ils vous le feront par nature.